HISTOIRE

DU

IVe PRÉSIDENT

DE LA RÉPUBLIQUE

PAR

Émile HUGONIN

PRIX : UN FRANC

EN VENTE

CHEZ TOUS LES LIBRAIRES

PARIS

IMPRIMÉRIE BERNARD, 9, RUE DE LA FIDÉLITÉ.

HISTOIRE

DU

IVE PRÉSIDENT DE LA RÉPUBLIQUE

HISTOIRE

DU

IVe PRÉSIDENT DE LA RÉPUBLIQUE

PAR

Émile HUGONIN

PRIX : UN FRANC

EN VENTE

CHEZ TOUS LES LIBRAIRES

PARIS

IMPRIMERIE BERNARD, 9, RUE DE LA FIDÉLITÉ.

HISTOIRE

DU

IVe* Président

DE LA RÉPUBLIQUE

I

Le 1er janvier 1881, à midi, le nouveau Président de la République reçut au palais de l'Elysée, le Corps diplomatique.

En l'absence du Nonce, alors en congé, ce fut l'ambassadeur d'Autriche qui, en sa qualité de doyen, présenta à monsieur Gambetta les hommages de circonstance. Le Président répondit quelques courtes phrases dans lesquelles les mots « Paix, Union des

---

* En partant du prince Louis-Napoléon-Bonaparte.

Peuples, Prospérité » revinrent plusieurs fois; puis, leurs Excellences se retirèrent.

A 1 heure, le Président reçut :

Le président du Sénat, les membres du Bureau du Sénat, Messieurs les Sénateurs ;

Messieurs les Députés (1).

Puis, les Ambassadeurs et Ministres plénipotentiaires français présents à Paris ;

Les Sous-Secrétaires d'État ;

Des députations du Conseil d'État ;

De la Légion-d'Honneur :

Des Cours et Tribunaux ;

De l'Institut ;

Les chefs de corps et les officiers de l'armée de Paris ;

Le Préfet de la Seine ;

Le Préfet de police ;

Les Maires et Adjoints de Paris ;

Le Conseil général et municipal ;

La Chambre de commerce ;

Une députation du Grand-Orient ;

(1) La nouvelle Chambre n'ayant pas encore siégé, il n'y avait pas de Bureau.

Les délégués des Loges maçonniques de Lyon, Marseille, Bordeaux, du Havre, etc.

S. E. le Cardinal-Archevêque de Paris, indisposé, s'était fait excuser la veille par ses Grands-Vicaires.

Le défilé à travers la grande galerie des fêtes dura quatre heures. A droite et à gauche, d'étincelantes lignes de municipaux, la carabine au poing, formaient la haie. Le Président était entouré de Messieurs Naquet, chef du Conseil et ministre de l'Intérieur; Ferrouillat, ministre des Affaires-Etrangères; colonel Langlois, ministre de la Guerre; Brisson, garde des sceaux; Barodet, ministre de l'Instruction publique. Des fauteuils apportés du garde-meubles avaient été disposés pour le Président et les Ministres, sur une estrade, pourpre et or, élevée de quelques marches.

Monsieur Gambetta eut de gracieuses paroles pour beaucoup, et des poignées de main pour tout le monde.

Maintenant, détachons des journaux de l'époque certaines réflexions au sujet de cette réception, qui eut le tort d'évoquer dans bien des esprits, le souvenir des plus brillantes années de l'empire; les coups de griffes n'y sont pas ménagés.

Je prends dans « *L'Indépendance Gauloise* : »

« Quel contraste entre le cérémonial quasi royal » de la Réception de l'autre jour, et celui tout spar- » tiate en usage à Berne le même jour. Ah, les choses » se font bien simplement dans la République d'à » côté! Ecoutons plutôt le correspondant de « *L'Europe* » *diplomatique* : »

« Selon l'usage antique et solennel, le président de » la Confédération, M. le landamman Herr de Glaris, » s'est tenu à partir de 10 heures, dans la grande » salle du Palais Fédéral, et a reçu les chefs de » mission, accompagnés de leurs secrétaires ou atta- » chés en simple tenue de ville, et venus la plupart » à pied au Palais.

» Le président de la bourgeoisie de la ville de » Berne. celle du conseil d'Etat et celui de la munici- » palité, sont, je crois, les seules autorités qui soient » venues, après les membres du corps diplomatique, » présenter leurs hommages au président.

» Les réceptions terminées, le Chef du gouverne- » ment s'est rendu dans une simple voiture de louage, » à deux chevaux, ornée d'un huissier fédéral sur le » siége, chez les membres du corps diplomatique, » pour leur rendre leur visite par cartes. »

« Soumis à la méditation de nos Excellences radi- cales ! » ajoute « *L'Indépendance Gauloise.* »

Coupons maintenant dans « *La Fraternité Universelle* : »

» Depuis près d'un siècle c'est toujours la même » farce qui se joue sur la scène politique de notre » pays,.. avec les mêmes décors, la même musique, » les mêmes bouffonneries, les mêmes ballets et, bien » entendu, les mêmes trucs et ficelles. Il n'y a que le » nom du principal personnage qui change quelques » fois. Il s'est appelé le Roi... l'Empereur ; aujour- » d'hui c'est Gambetta qu'il se nomme... Voilà, en » réalité, tout le changement !... Et dire que pour s » peu, il y a des imbéciles, qui vont se faire tuer sur » les barricades ! En vérité la bêtise humaine n'a pas » de bornes ! »

Au tour de *l'Étincelle* :

« ..... Voyons, si quelqu'un avait dit à ces gens » là, il y a peu d'années : — Vous, mon garçon, qui » pour l'instant culottez cette jolie tête de négresse » en faisant votre domino avec Pipe-en-Bois, vous » serez un jour le premier magistrat de votre pays ! » Vous, mon ami, qui pour le moment tirez les » oreilles des petits Lyonnais pour leur introduire » l'ABCD dans la tête, vous serez bientôt grand

» maître de l'Université ! vous, vous serez ministre
» de l'Intérieur ! Vous, garde des Sceaux ! Vous tous
» enfin qui n'êtes rien ou pas grand chose aujour-
» d'hui, avant dix ans vous serez tout !... Ce n'est
» pas que vous soyez bien forts, oh, non !... mais
» vous blaguez avec un tel toupet... et il y a tant de
» sots qui votent !... » — eh bien, je vous le demande,
» si quelqu'un avait dit cela, est-ce que tout le
» monde n'aurait pas eu envie d'envoyer à Charenton
» ce quelqu'un là ! .. ..
» ....
» .... Ah ! ce sont les insensés qui
» tiennent à quelque chose, et qui ont voté pour ces
» gens là, qui devraient y être mis... à Charenton ! »

A présent, voici une petite anecdote ; c'est l'*Echo des Deux Mondes* qui la raconte :

« Aucun journal n'a encore relaté l'incident suivant
» survenu vers la fin de la réception de l'Elysée ;
» incident qui a eu, paraît-il, le privilége de beau-
» coup divertir monsieur Gambetta. — Divertir est-il
» bien le mot ?

» Il était quatre heures ; une vingtaine d'hommes
» barbus, coiffés de chapeaux aussi larges que mous,

» franchirent le seuil du Palais et voulurent pénétrer » dans les salons, mais devant eux se dressa aussitôt » une imposante barrière d'huissiers et de gardes. » On leur demanda qui ils étaient?... en leur faisant » remarquer qu'ils n'avaient pas positivement une » tenue de cérémonie, — Quelques-uns même étaient » en blouse.

» Ils répondirent qu'ils étaient « les Délégués Bellevillois » et que quant à l'étiquette ils s'en f... mo» quaient pas mal.

» Là-dessus refus catégorique des huissiers..., » lequel provoqua les vociférations des barbus aux » chapeaux aussi mous que malpropres,

» Les choses menaçaient de mal finir, quand Mon» sieur Gambetta, instruit de ce qui se passait, en» voya l'ordre de les laisser entrer... Arrivés devant » l'estrade, ils tendirent au Président vingt mains » que l'ancien député de Belleville serra avec une » effusion admirablement jouée ; puis, ayant poussé » un formidable cri de : Vive la République, ils défi» lèrent, graves et solennels.

» On nous a ajouté qu'en repassant devant les » huissiers, un « délégué » aurait dit:

» Ah ! y n'aurait plus manqué q'ça, qu'on mette » le *vrai* peuple à la porte !... malheur !... »

Terminons cet aperçu par une piqûre plus drôle que méchante du *Moustique* :

« Le *Figaro* dans son article d'hier sur la réception » à l'Elysée, dit qu'il y a été beaucoup parlé d'une » Eminence...

» Ah, c'est bien sûr de celle — dans le dos — du » ministre de l'Intérieur. »

II

L'hiver de 1881 ne fût pas gai.

Tous les salons du *hig-life* restèrent fermés, et il n'y eut guère que l'Elysée et les ambassades qui donnèrent quelques soirées.

— En revanche, on dina beaucoup dans les ministères.

Ah ! c'est qu'on n'a pas envie de danser, quand les affaires vont mal, et les affaires vont toujours mal quand manque la confiance.

Or, en 1881, tout le monde s'en souvient, la confiance fit complètement défaut.

Aussi, que de boutiques à louer; partout, que de locaux vacants. Des rues jadis très affairées étaient devenues depuis les élections de Décembre, aussi calmes qu'elles étaient autrefois bruyantes et encombrées. On s'y serait cru à Saint-Gaudens plutôt qu'à Paris. Les boulevards naguère si animés, si brillants, si resplendissants de lumières, étaient eux-mêmes devenus presque tristes, une fois passées les fêtes du jour de l'an. Il y avait toujours du monde, beaucoup de monde même; mais cette foule était plutôt composée de gens en quête de nouvelles politiques, que de promeneurs ne cherchant qu'à se distraire. Pour que les boulevards soient vraiment beaux, il y faut de l'entrain, des toilettes, des équipages..., et rien de cela n'y était. Il y faut surtout des étrangers répandant à pleines mains une manne métallique bien agréable aux restaurateurs, cafetiers, etc...; et cet hiver là les étrangers ne vinrent pas à Paris, vu qu'ils ne vont que là où on s'amuse.

— « Ah! la politique, quelle peste! » ne cessaient de répéter sur tous les tons, de la Bastille à la Madeleine, messieurs les cafetiers; quoique, comme toujours, ces honnêtes chimistes eussent moins que d'autres le droit de se plaindre.

En effet, on n'a pas d'argent pour son bottier, pour son tailleur; on n'en a pas non plus pour nourrir sa femme et élever ses enfants; encore moins pour son propriétaire; mais on en trouve toujours pour aller au café. Il est vrai que les jours de gêne on consomme un peu moins; au lieu de deux absinthes, on n'en prend plus qu'une, et on ne boit plus que deux ou trois bocks dans sa soirée. Mais, de là, alors le motif de la mauvaise humeur du cafetier, qui, lui, songe qu'il a un loyer..., et qui baisse son gaz...

Ah ! que de fois il le baissa en 1881 !

Nulle part le commerce n'allait ; pas plus à Lyon qu'à Paris ; pas mieux à Elbeuf qu'à Grenoble. Le besoin de velours et de bijoux, d'habits neufs et de gants se fait si peu sentir, quand on ne sait pas si le lendemain on ne sera pas complètement ruiné. Laquelle situation avait naturellement eu pour déplorable résultat de faire fermer usines et fabriques et de plonger dans la misère des milliers d'honnêtes familles d'ouvriers. Quelques commissions importantes d'Angleterre et d'Amérique étaient bien arrivées à Lyon et à Saint-Etienne au commencement de janvier ; mais sur de fâcheuses nouvelles de Paris, elles avaient été aussitôt retirées aux trois quarts ; dans la crainte que des événements politiques fort graves vinssent prochainement en empêcher la livraison, ou tout au moins la gêner.

Mais si ouvriers, fabricants et commerçants étaient à plaindre, le paysan en revanche n'était guère plus heureux, ses récoltes ne se vendant plus... et ses impôts ne diminuant pas.

Seulement, pourquoi lui qui d'ordinaire est si sensé, avait-il aux dernières élections prêté l'oreille aux divagations des orateurs de clubs et de cabarets, et par son vote fait pencher la balance du côté du radicalisme.

On lui avait dit : « Votez pour Gigomard..., pour Rossignol.., pour Dutoc.., ce sont de grands patriotes, eux seuls peuvent sauver la France !... »

« Mais mon beurre ? mes œufs ?... » s'était écrié le paysan.

« Vous les vendrez plus cher que jamais ! » lui avaient répondu des avocats de deux liards.

Et Gigomard, Rossignol, etc., alors élus, étaient allés à Versailles, où ils avaient fait une politique qui avait eu pour conséquence d'arrêter presque complétement le commerce et l'industrie, et de faire vendre au paysan son beurre et ses œufs, 25 0/0 moins cher. Ce qui lui arrive toujours, quand, faute de consommation à Paris, il n'a plus pour faire argent de ses produits que le marché de sa sous-préfecture. Aussi, le pauvre homme bientot désabusé jurait-il

— mais un peu tard — qu'on ne l'y reprendrait plus.

« Ah ! Gigomard ! Dutoc ! etc...! s'est-il depuis bien des fois écrié, tas d'avocats sans causes, et de médecins heureusement sans malades, le jour où vous me repincerez,... eh bien, les poules auront des nageoires ! »

Et comme il y va de ses intérêts, il est probable que le paysan ne reviendra jamais sur cette bonne détermination.

Pour faire connaître combien était complet le défaut de confiance en 1881, rien, à mon avis, ne vaut ce rapprochement de cours de la Bourse, pris dans la cote officielle.

La parole est aux chiffres :

Le 31 mai 1870, c'est-à-dire quinze jours après le résultat définitif du Plébiscite, le cours de clôture du 3 0/0 était *73 fr. 82 1/2*.

Le 31 mai 1872, sous monsieur Thiers, et avec les Prussiens encore dans plusieurs départements, le même 3 0/0 clôturait à *55 fr. 80*.

Le 31 mai 1873, quelques jours après l'avénement du Maréchal de Mac-Mahon, il finissait à *56 fr. 65.*

Le 31 mai 1877, peu de jours après l'entrée aux affaires du fameux ministère de Broglie-Fourtou, il atteignait le cours de *69 fr. 45.*

Mais le *31 janvier 1881*, il fermait à **40** fr. !

Ce que bien des gens sensés avaient de suite prédit, lorsqu'ils avaient vu arriver à la Chambre, des quatre coins de la France, des Gigomards, des Rossignols et des Dutocs de tous les calibres.

Maintenant, je crois que le bout de conversation que voici, souvenir des premiers mois de 81, qui a tout à l'heure traversé ma mémoire, sera ici bien à sa place. La situation y est prise sur le vif. Ah ! les conservateurs ne la trouvaient ni belle, ni rassurante !

Deux braves commerçants viennent de se rencontrer sur le boulevard... à moins que ce soit sur la Cannebière à Marseille, ou devant le Grand-Théâtre, à Bordeaux; ils se sont serré la main, et causent.

Appelons l'un monsieur Pierre, l'autre monsieur Paul.

PIERRE — Et les affaires...?

PAUL — Ah ! ne m'en parlez pas...!

PIERRE — On ne fait rien !

PAUL — C'est navrant !

PIERRE — Il serait temps que ça finisse !...

PAUL — Ah ! nous n'y sommes pas ! tant qu'on aura ces gens là pour nous gouverner.....

PIERRE — D'abord, moi, j'ai toujours dit que ce Gambetta.....

PAUL — Ah ! il s'agit bien de Gambetta ! il n'est rien, lui... Ah si... il est le très-humble serviteur de toute-cette radicaille dont il est empêtré...

PIERRE — Les Gigomard ! les Dutoc !

PAUL — Ce sont ces gens là qu'il faut craindre !

PIERRE — Ah ! si j'étais à la place de Gambetta, comme j'enverrais promener tout ça.

PAUL — Vous en parlez à votre aise... mais c'est lui qu'on enverrait au diable, s'il essayait de résister.

PIERRE — Ha ! avec ça que Mac-Mahon s'est gêné le jour où ça n'a plus marché.

PAUL — Oh ! mais il a fallu que sa patience fut bien à bout... D'ailleurs, la situation n'était pas la même. Le Maréchal, lui, n'avait pris qu'un engagement — et il l'a tenu ! — celui de faire respecter l'ordre en France !... tandis que Gambetta.....

PIERRE — N'a pas pris celui-là, n'est-ce pas ?

PAUL — Tandis que Gambetta en a pris beaucoup.., beaucoup envers les radicaux.., il est lié...

PIERRE — Ah ! il en a assez fourrés dans les préfectures !

PAUL — Il leur a promis de leur laisser remanier toutes nos lois... retourner toutes nos institutions.., et aujourd'hui il faut qu'il tienne parole.

PIERRE — Ah ! elles sont jolies leurs nouvelles lois!.. Tout l'impôt sur le dos de celui qui économise. Travaillez donc pour vos enfants !

PAUL — Vous en verrez bien d'autres !

PIERRE — Quoi ! vous croyez ?...

PAUL — Voyons est-ce que les Gigomard, et les Dutoc ne sont pas eux-mêmes liés ?... Et le mandat impératif donc !... Eh bien, ce que la clique voudra, elle l'aura, entendez-vous bien ; le monde va aujourd'hui à l'envers.., c'est la queue qui mène la tête !

PIERRE — Mais alors nous retournons à la Commune !

PAUL — J'en ai bien peur.

PIERRE — Ah! c'est épouvantable !

PAUL — D'autant plus épouvantable que cette fois cette Commune là sera légale.

PIERRE — Mais alors il n'y a plus qu'à fermer boutique!

PAUL — Ah! c'est ce que bien des commerçants feront!

....

....

Eh bien, oui, voilà ce qu'on entendait fréquemment en 1881.

Seulement, moi, je trouve qu'on a quelquefois jugé un peu durement monsieur Gambetta.

Le mal qu'il a fait, il l'a plutôt fait parce qu'il y était contraint, que de sa propre initiative.

Il a dû obéir au plus implacable des tyrans : j'ai nommé le parti radical.

On peut dire que son ambition démesurée l'a perdu. Pour se hisser de suite au Pouvoir, il lui a fallu beaucoup se servir des épaules des radicaux... Il fut, à mon avis, plus pressé qu'habile. Avec l'incontestable talent qu'il possède, tôt ou tard les gens raisonnables l'y auraient aussi porté. Il y serait peut-être arrivé moins vite, mais à coup sûr plus dignement. La tâche à remplir eut ensuite été plus noble, et *ses idées nouvelles* eussent sans doute été mises plus facilement en pratique. Il eut surtout été plus indépendant!

Il le comprit par la suite, et un jour vint où il eut la velléité de rompre avec le parti radical ; malheureusement il était trop tard : il n'y avait plus à la Chambre assez de conservateurs pour le soutenir. Privé alors de tout appui il fut bientôt précipité du faîte du Capitole, au pied de la roche Tarpéienne.

Vite il était monté... vite plus tard il tomba !

C'était écrit !

Avec un beau jeu monsieur Gambetta a perdu par sa faute une belle partie. Contentons-nous de ne pas le plaindre.., sans l'accabler.

Encore une fois, l'année 1881 fut une année exécrable, pouvant compter parmi les plus néfastes de ce siècle.

Situation politique intolérable, catastrophes commerciales inouïes, cataclysmes financiers épouvantables, ruines immenses, misères profondes, rien ne manqua à son triste cortége.

Seuls le Mont-de-Piété et les marchands de journaux firent de brillantes affaires.

Ah ! les médecins et les pharmaciens n'eurent pas, non plus, trop à se plaindre...

Ainsi que les Pompes-Funèbres !

III

Le premier acte de monsieur Gambetta en arrivant au Pouvoir, avait été de constituer un cabinet provisoire (Spuller-Floquet), ayant pour mission de demander au Sénat l'autorisation de dissoudre la Chambre des députés. La dite autorisation ayant été accordée — à la majorité de *Une* voix ! — la dissolution avait été aussitôt prononcée, et les électeurs convoqués pour le milieu de Décembre.

Or, voici comment se décomposa le résultat définitif des fatales élections de 1880 :

Purs-sang......	31	
Radicaux......	256	
Républicains...	118	405
Bonapartistes ..	66	
Légitimistes. ..	18	
Conservateurs..	43	127
total	532	532

127 Conservateurs de toutes nuances sur 532 députés !... Ah, c'était vraiment peu !

La Normandie, l'Auvergne, les Charentes et la Corse avaient nommé les bonapartistes ;

La Bretagne, les légitimistes ;

Le Nord et le Centre, les conservateurs et les républicains ;

Paris, Lyon, Marseille, Bordeaux, les purs-sang. Aux grandes villes est réservé le triste privilége de donner un mandat à ces énergumènes.

Quant aux radicaux, ils avaient été nommés un peu partout, mais principalement dans le midi et dans l'Est.

287 succès !... (1) quelle victoire pour eux !

Quel triomphe pour *Les Droits de l'Homme* ! *Le Père Duchesne* ! *La Nouvelle Carmagnole* ! qui avaient lancé les purs-sang.

Oh ! mais par contre, quelle humiliante, quelle écrasante défaite pour les conservateurs !

Ils allaient, les malheureux, passer sous le joug

(1) En comptant ceux des purs-sangs.

de leur plus implacable ennemi ! Mais hâtons-nous de dire que ce sort ils le méritaient bien, après tous les avertissements qu'on leur avait donnés en pure perte.

Mille fois leurs journaux leur avaient crié : « Le radicalisme s'avance à grands pas..., le voici ! entendez-vous pour la défense et serrez les rangs ! » mais les uns n'avaient pas cru au danger et les autres pour ne pas le voir s'étaient, comme l'autruche, fourré la tête dans les murs.

« Les radicaux !... mais jamais ils ne pourront rien !... disaient en chœur les conservateurs ; la France deviendra *peut-être* républicaine, mais rien de plus !... elle a trop de bon sens pour ça. »

Ah ! comme ils se trompaient !

Déjà en mars 1877, monsieur Robert Mitchell, alors député, avait écrit dans l'*Estafette* un article (1) qui aurait pu leur donner à réfléchir... Mais si peu avaient pris la peine de le lire ! et parmi ceux qui l'avaient lu, si peu voulaient réfléchir !

(1) A propos d'une élection qui venait d'avoir lieu à Bordeaux.

Voici comment se terminait cet article, intitulé *l'Aurore rouge* :

« On a voulu que la France devint républicaine ;
» peut-être obéira-t-elle, mais on s'apercevra que s'il
» est possible de lui indiquer la route à suivre, il est
» malaisé de régler son pas et de modérer son allure.

» Nous allons bon train, avec le vent en poupe ; les
» centres sont déjà loin ; nous saluons de la main
» les gauches en passant ; à peine prendrons-nous
» langue au pays radical, et nous nous engloutirons
» dans le grand abîme ou tout sombrera, tout !.... »

Ah ! la chose, il me semble, valait pourtant bien la peine qu'on y fasse attention !

Mais ce que depuis longtemps on ne cessait surtout de répéter aux conservateurs, c'est qu'ils ne devaient jamais déserter devant le scrutin ; parce que chaque succès partiel que les radicaux remportaient, en augmentant leur confiance préparait leur victoire définitive ; eh bien, malgré toutes les recommandations, à chaque élection nouvelle les abstentions n'avaient fait que croître.

Aussi, Monsieur Francis Magnard avait-il cent fois

raison lorsqu'il écrivait ce qui suit, dans le *Figaro* du 27 mars 1877 (1).

« ....Sur vingt-quatre mille électeurs ins-
» crits, il y a eu *onze mille* abstentions ; le double
» des voix qu'à réuni le candidat le plus favorisé.
» Visiblement une grande partie de la nation se sou-
» cie de ses droits électoraux comme un poisson d'une
» pomme.

» Et dire cependant que si on avait eu le courage
» de toucher au suffrage universel, il y aurait peut-
» eu une révolution ! La logique n'est pas de ce
» monde. »

Seulement, Monsieur Francis Magnard aurait bien dû ajouter ceci : c'est que les conservateurs ont de tout temps formé la majeure partie de ces citoyens qui « se soucient de leurs droits électoraux comme un poisson d'une pomme ; » — les radicaux ayant toujours eu trop envie d'arriver, pour faire la bêtise de ne pas aller voter. Les élections générales de 1877 et surtout celles de Décembre 1880 l'ont prouvé.

(1) Encore a propos de l'élection de Bordeaux.

Mais passons...

Donc les conservateurs avaient été battus à plates coutures ; ce qui allait enfin permettre aux radicaux de faire l'essai de toutes les utopies entassées depuis bientôt un siècle dans le cerveau des pontifes du parti, à côté peut-être de la bosse du jeu de billard.

Vraiment, ce n'était pas gai !

Monsieur Naquet ayant été quatorze fois élu, monsieur Gambetta pensa que ce serait honorer le suffrage universel, que de confier à cet homme d'État la mission de former un cabinet ; il le pria donc de se charger de ce soin.

Monsieur Naquet accepta.

La tâche n'était pas facile : il n'y avait qu'une table de dix couverts, et cent affamés se présentaient. Aussi, quelle poussée, quelle bousculade un instant à l'Elysée !

Il y eut même des scènes qui auraient fait bien rire au *Veau-qui-Tette*. Ainsi, c'était celui-ci qui, au moment où celui-là allait se mettre à table, lui retirait sournoisement sa chaise par derrière, et le faisait s'étaler. Ou bien encore, deux Honorables qui l'un et l'autre à moitié assis sur la même chaise, faisaient des efforts insensés pour se prendre la place.

Cependant, monsieur Naquet s'étant débarrassé des moins bien élevés, les choses finirent par s'arranger. Les couverts ne furent pas tirés au sort dans un chapeau, comme on l'avait un instant proposé, mais on décida qu'ils seraient laissés aux *anciens* qui, après tout, y avaient un peu droit... Puis, force compensations ayant été promises aux autres, l'*Officiel* annonça à la France qu'un cabinet était formé...

Le cabinet Naquet-Ferouillat-Barodet...

Pauvre France !

La veille de l'ouverture des Chambres, les élus appartenant aux différentes fractions du parti conservateur, priés par lettres, se réunirent chez un député bonapartiste, et, là, la proposition suivante leur fut faite au nom de quelques-uns de leurs collègues les plus autorisés :

« Persuadés que la lutte contre l'immense majorité
» radicale de la Chambre ne pourra être tentée, qu'au-
» tant que tous les députés conservateurs seront
» étroitement unis, nous venons, Messieurs, vous
» proposer de ne former dès aujourd'hui qu'un seul
» groupe, bien compacte, bien discipliné.., sur

» *l'unique* drapeau duquel nous écririons ces simples » mots :

« **Pour la Patrie et la Société seulement !** »

Eh bien, il faut rendre cette justice aux députés conservateurs que cette proposition avait reçu de leur part l'accueil le plus enthousiaste.

Mais, hélas, pourquoi n'avait-elle pas été acclamée quelques années plus tôt !

Les Chambres s'ouvrirent.

On comptait sur un message présidentiel, mais l'attente fut déçue. Monsieur Gambetta ayant, lors de son avènement, adressé une proclamation au Peuple Français (1), avait trouvé qu'un message serait un peu rapproché. Peut-être aussi pensa-t-il qu'il était déjà bien assez engagé.

A la Chambre, M. Spuller fut élu président, et Monsieur Challemel-Lacour, vice-président. Puis, le bureau nommé, on passa à la vérification des pouvoirs.

C'était pour les radicaux une magnifique occa-

(1) Résumé succinct de ses discours de Belleville.

sion de montrer toute la partialité dont ils sont capables ; ils ne la laissèrent donc pas échapper.

Un des leurs avait-il employé pour se faire nommer, les moyens les plus invraisemblables, ou fait les promesses les plus fantastiques, que tout ça n'était que balivernes ou calomnies.., et son élection finissait toujours par être validée à une majorité considérable. Pas un ne fut retourné à ses électeurs !

Oh ! mais, par contre, quelle hécatombe de conservateurs ils firent à la déesse au bonnet phrygien ! Envers eux, tout était considéré comme manœuvres électorales. Manœuvre, que d'avoir été parrain d'une cloche six mois avant les élections ! manœuvre, que d'avoir ouvert une souscription en faveur de la femme d'un gendarme tué par un braconnier !... etc., etc. C'est à peine si une quarantaine trouvèrent grâce.

Après la vérification des pouvoirs vint la discussion sur la proposition d'amnistie générale. A une majorité énorme, le retour des frères égarés — à Nouméa— fut voté.

On passa ensuite à la proposition Gigomard, relative à l'abolition de la peine de mort.

Malgré un discours plein de bon sens de l'honorable Nestor Prudent, qui en cette circonstance révéla un penseur, la peine de mort fut rayée de notre code. Voici un ou deux passages de ce discours qui remplissait plusieurs colonnes de l'*Officiel* :

« . . . . Encore une fois, Messieurs, la peine
» de mort est d'une nécessité absolue ; c'est la sau-
» vegarde de la société, et, comme telle, elle s'im-
» pose impérieusement à tous les peuples. Laisser la
» vie aux assassins, c'est vouer à la mort des milliers
» d'honnêtes gens... Or, Messieurs, je ne puis croire
» que la tête d'un misérable, vous soit plus chère que
» l'existence d'un brave homme ! . . . .
» . . . .
» . . . .
» . . . . Que les commutations
» de peine soient encore plus nombreuses ; qu'on
» abrège, si c'est possible, les souffrances morales
» et physiques des condamnés ; qu'on les chlorofor-
» mise même pour les exécuter..., je ne demande pas
» mieux ; mais, en grâce n'enlevez pas à la Justice,
» cette épée de Damoclès qu'elle tient suspendue au-
» dessus de la tête des malfaiteurs..., et qu'on
» nomme la *Peine Capitale* ! »

Eh bien, qui l'aurait pensé, la proposition Gigomard obtint encore plus de deux cents voix de majorité !

Quelques jours après ce vote, une feuille satirique contenait la drôlerie suivante :

« Il paraît que le succès a rendu audacieux le ci-
» toyen Gigomard ; il doit, nous dit-on, déposer de-
» main sur le bureau de la Chambre, le projet de
» loi que voici :

« ART. I. Tout individu assassiné qui en sera
» revenu, soupçonné d'avoir eu sur lui, ou chez
» lui, au moment de l'attentat une somme supé-
» rieure à cinq francs 75, pourra être poursuivi
» pour excitation à un fait qualifié crime.

» ART. II. La peine sera de six jours à deux
» mois de prison, et de trois francs à deux mille
» francs d'amende.

» ART. III. La moitié du produit des amendes
» sera versée dans une caisse dite : *Caisse de*
» *retraite des Forçats libérés.* »

A la discussion sur la peine de mort succéda celle

sur le rétablissement de la garde nationale. Devait en faire partie tout Français de quarante à soixante ans.

Bien que le projet fut assez critiqué par le ministère, le *rétablissement* n'en obtint pas moins une majorité de deux cent cinquante voix environ.

Parlant de la nouvelle loi, *L'Indépendance Gauloise* dans son leader article du lendemain disait :

« La conduite du ministère dans la séance d'hier » n'a fait que confirmer l'opinion émise par nous sur » la Garde Nationale : Institution utile, lorsqu'on » cherche à grimper au pouvoir ; mais gênante, quand » on y est et qu'on tient à y rester. »

Une loi sur la Garde Nationale ne pouvait manquer d'être pour le *Moustique* l'occasion de quelques piqûres. En voici une..., peut-être deux :

« L'autre jour dans le train parlementaire, entre » honorables droitiers on *potinait* un brin sur la » *Nouvelle-Garde.*

» — Vous savez, le bruit court que Moutardier » sera nommé général de celle de la Seine, dit l'un » d'eux.

» — Vous plaisantez..., reprit un maigrot au nez » décoré de lunettes vertes, oh ! je sais bien qu'il est

» riche, ce qui lui permettrait de payer de bons dé-
» jeuners à son radical état-major ; mais enfin il me
» semble que....

— » Eh bien, mais n'est-ce donc pas suffisant !...
» avança un gros court, tenez, moi, je parierais
» pour lui. Moutardier est ambitieux, — c'est même
» ça qui l'a poussé dans les rangs des radicaux — il
» trouvera donc bien le moyen de faire tomber sur
» son chapeau, le panache qui est en l'air.

— » Général !... un fabricant de pain d'épice !...
» s'écria la paire de carreaux verts.

— » Après tout, pourquoi pas..., dit un quatrième,
» en retirant son cure-dent, vous avez bien eu un
» avocat, ministre de la guerre !... c'était encore
» plus bête ! ! »

Tandis que nos législateurs changeaient nos lois, nos conseillers municipaux, eux, changeaient encore les noms de nos rues.

La rue de Richelieu devenait la rue Robespierre ; la rue de Choiseuil, la rue Marat ; le boulevard des Filles du Calvaire, le boulevard des Sans-Culottes ; etc., etc. Il faudrait plusieurs pages pour donner la liste complète des rues, boulevards, places et édifices qui reçurent de nouveaux noms.

Ah ! quel service rendraient les Municipalités, si elles voulaient en finir une bonne fois avec tous ces changements ; onéreux pour les commerçants, stupides pour les étrangers, et assommants pour tout le monde.

Qu'on se contente de donner aux rues, des noms auxquels l'esprit de parti ne puisse rien reprocher : comme Jean-Bart, Eustache de St-Pierre, Bayard, Jeanne-D'Arc...— Je retire Jeanne-D'Arc, elle est en train de devenir sainte, la radicaille n'en voudrait pas. — Qu'on leur donne des noms de provinces..., de villes... Ah ! ou bien encore qu'on fasse comme aux Etats-Unis, qu'on les désigne par un numéro.

On pourrait même donner aussi un numéro à chaque quartier ; ce qui simplifierait singulièrement l'inscription d'une adresse, et rendrait alors moins faciles les erreurs de la Poste et du Télégraphe.

Avec ces trois numéros, par exemple :

22 — 516 | 9
PARIS

une lettre pourrait arriver à son adresse, c'est-à-dire :

22 — rue Doudeauville / La Chapelle
Paris.

Rien de plus simple, comme on voit. Il ne faudrait qu'énormément de mémoire. Néanmoins, j'avoue que par amour propre national, j'aimerai toujours mieux appeler nos rues, Louis-le-Grand..., Turenne..., que 327/14 et 410/33.

Ce que je dis au sujet de ces changements, vingt journaux l'ont répété cent fois ; quelques-uns même avec infiniment d'esprit. Ah ! espérons que nos gouvernants, petits et grands, finiront par entendre... et aussi par comprendre.

Au commencement du printemps, le Président fit un voyage dans le centre.

Il alla à Lyon par Dijon, et revint par le Bourbonnais. L'accueil qu'on lui fit fut tiède, glacial même à Saint-Etienne : les conservateurs, on le conçoit, ne pouvaient l'acclamer ; et pour les radicaux, il était déjà devenu un réactionnaire. Ah ! certes, ce n'était plus le fougueux orateur de balcons qu'on avait connu autrefois, flattant, entraînant, électrisant les *nouvelles couches*. A cet orateur là, avait succédé un personnage, froid et solennel, ne disant pas de mal des prêtres, et parlant toujours de Concorde, de Raison et de Justice ; on comprend le peu de succès que pouvait avoir un tel personnage auprès des intransigeants.

A Lyon, le préfet, avait demandé au Conseil municipal un crédit de cinquante mille francs pour offrir une fête au Président. Il s'agissait d'un bal sur la place Bellecour, transformée pour la circonstance en une sorte de jardin d'hiver. C'était un peu d'ouvrage pour les ouvriers, et l'occasion de quelques recettes pour le petit commerce ; mais le Conseil refusa net. — On se contenta de voter six mille francs pour un dîner. Les conseillers trouvèrent que la plus belle polka ne valait pas une dinde truffée. D'ailleurs, un cavalier seul, si bien exécuté qu'il soit, ne fera jamais de son homme qu'un *clodoche* ; tandis qu'un discours bien corsé, aux frères et amis, entre la poire et le fromage, peut mener son radical à la députation.

Et les radicaux, sont gens pratiques !

IV

Le vendredi, 15 avril 1881, jour du Vendredi-Saint, de nombreux dîners gras eurent lieu à Paris et dans plusieurs grandes villes de France.

Le banquet de Saint-Mandé fut certainement celui dont on s'occupa le plus; car on savait que c'était à celui-là que devaient assister les fortes têtes de l'école matérialiste. Ayant fait assez de bruit, je veux lui consacrer mieux que quelques lignes.

L'endroit choisi par les organisateurs, était un de ces établissséments qui ont la spécialité des noces; il s'agissait en effet d'une grande noce. La cotisation avait été fixée à huit francs, et on avait annoncé que les dames seraient admises. — Naturellement puisque c'était une noce. — Deux cents souscripteurs environ avaient répondu à l'appel et au rappel.

C'est au premier étage, dans un long et immense

salon — gris-blanc et or, — dont on avait enlevé toutes les séparations transversales, que le couvert avait été mis. Il était dressé sur cinq tables : une le long de chaque côté, la cinquième au milieu du carré formé par les quatre autres. Celle-là était réservée au citoyen président et aux organisateurs ; devaient également y prendre place, quelques *personnages* politiques et plusieurs *lumières* de la science. Appelons la la table d'honneur.

Sur toutes les tables étaient posées, de distance en distance, des corbeilles pleines de fleurs rouges artificielles ; et à tous les murs étaient accrochées en X, des bannières rouges envoyées par des Sociétés de la province et de l'étranger, et portant en lettres d'or, sous un triangle, le nom de la Société qui en faisait hommage. Quelques bannières étaient aussi suspendues au plafond. Ajoutons que les grands rideaux des fenêtres étaient également rouges — comme dans la plupart de ces établissements — et le lecteur aura peut-être une légère idée de l'aspect de ce salon.

Je le visitai une heure avant, en compagnie d'un reporter de mes amis avec qui je dînai dans le bas.

On ne sera pas surpris quand je dirai qu'en entrant

ça *faisait* tout rouge... Puis, on ressentait un je ne sais quoi qui vous donnait froid. Ces fleurs écarlates sur ces nappes blanches.., ces taches rouges sur ce linge, étaient assurément pour beaucoup dans le frisson qui vous passait par tous les membres. Le malheureux bœuf qui entre dans l'abattoir doit avoir de ces frissons. La vue de quelques gouttes de sang sur un couteau, produit aussi cet effet là aux personnes nerveuses.

Mais il est probable que les gens qui allaient festoyer dans ce salon n'avaient pas des nerfs aussi délicats !

A côté de chaque couvert se trouvait un menu imprimé, j'en pris un.

Après « le Potage Croûte-au-Pot, » venaient : « le Boudin à la Fouquier-Tinville » et « les Pieds de cochon à la Saint-Just. » Puis, des viandes, rien que des viandes..., et toujours *attelées* à des noms aussi baroques que révolutionnaires. . Pas le plus petit légume La salade même avait été *défendue* : « Ça pourrait avoir l'air d'une concession faite au maigre... » avaient dit les organisateurs. Seuls les cornichons devaient être tolérés.

A sept heures, on se mit à table.

On plaça d'abord les dames ; deux ou trois furent *distribuées* à chaque table. — On avait compté sur une trentaine, mais la moitié à peine étaient venues. — Après quoi, sur un signal du président le potage fut servi.

La première heure fut très-sérieuse : on mangea et on but. Le nom burlesque de chaque plat provoquait bien à son apparition quelques plaisanteries plus ou moins tristes, mais cela ne durait qu'un instant ; avec la bouche pleine on redevenait sérieux. C'est à peine même si on trouvait le temps d'être un peu galant avec ces dames.

Malheureusement, les heures qui suivirent ne ressemblèrent pas à celle-là.

Dans ces sortes d'agapes, quand on mange moins on boit par contre bien davantage ; et à mesure que les bouteilles diminuent, le tapage augmente.

C'est ce qui ne manqua pas d'arriver. Bientôt même il ne fut plus possible de s'entendre ; à ce point que le pauvre personnel de service, ahuri, affolé, ne sut plus à qui répondre. Une scène violente ne tarda pas à s'en suivre :

— Des cornichons... par ici.., avait crié un grand

mal peigné, des cornichons... allez vous enfin nous f... des cornichons ?...

— Ah ! il n'en manque pas ici ! marmotta un garçon en passant, mais pas assez bas pour ne pas être entendu du citoyen mal peigné.

Là-dessus, celui-ci bondit et d'un pied dégagé appliqua *radicalement* sa botte sur la partie la moins noble du garçon.

Eh bien, je dois avouer que la correction était méritée ; je dirai même que le garçon avait eu deux fois tort.

D'abord, on ne doit jamais être impoli avec personne, même avec les gens pour lesquels on n'a aucune estime ; ensuite pourquoi donner à ces citoyens l'épithète de cornichons ? — Eux ! allons donc !... Ce sont pour la plupart des affamés qui cherchent à *déboulonner* la Société, dans l'espérance que le jour de la dégringolade sera celui de leur avénement, c'est-à-dire le commencement d'une ère de ripailles ; ce sont des gens qu'il faut craindre comme la peste, l'acarus et le choléra ; mais rendons leur cette justice, ce ne sont pas des cornichons..., malheureusement !

Le garçon ayant été mis à la porte, le président

parvint à ramener un peu de calme. Il en profita pour dire que le citoyen Pommard allait prendre la parole. Une salve d'applaudissements accueillit cette annonce.

Le citoyen Pommard pouvait avoir quarante-cinq ans. C'était un gros court, sans barbe ni moustaches, au teint rose, et à la bouche lippue. En le voyant, on disait : « En voici un qui ne lèche pas les murs ! » — Il commença, sa voix était flûtée.

En entendant ce que cet individu débitait à tous ces gens qui l'écoutaient sans pouffer de rire, quelqu'un qui n'aurait pas été au courant, et qu'on aurait fait entrer un instant dans cette salle, aurait certes pu s'imaginer qu'il était dans le réfectoire de Charenton, le jour de la fête du directeur.

« Je suis un singe, vous êtes des singes, nous sommes tous des singes..., ne cessait de conjuguer le citoyen Pommard, c'est bien prouvé par Darwin et Littré, deux grands singes savants... »

Ou bien il disait :

« Un atome a dans l'éther rencontré un autre atome, ils se sont accrochés ; d'autres atomes sont alors survenus qui se sont accrochés aux deux premiers; puis, il en est arrivé des milliards de milliards qui se sont joints à eux... s'accrochant sans cesse, s'accrochant toujours!... Voilà, citoyens, ce qui a fait la terre... »

— Et la lune?... demanda un jeune quadrumane au museau aviné,

— A la porte!... cria-t-on de toutes parts, c'est un mouchard du *Figaro!...* qu'on l'enlève!

Et aussitôt vingt bras s'emparaient du malheureux, et le jetaient dehors avec cette grâce particulière qu'on connaît aux radicaux.

Après le citoyen Pommard, ce fut au tour de la citoyenne Mariana à prendre la parole.

Elle parla de ceci et de cela, des prêtres et du Diable, de Saint-Pierre et de Saint-Antoine, de saumon et d'andouille; enfin, elle termina en disant que pour célébrer ce grand Vendredi, elle avait tenu à ce que son petit dernier fasse gras aussi.

— Mais il n'a que deux mois, votre petit dernier, lui dit un voisin de table.

— Eh bien, *que* je lui ai fourré du bouillon dans

le lait de son biberon!... répondit la citoyenne Mariana, en joignant à la parole un geste superbe.

Ce fut à croire que la salle allait s'écrouler sous le tonnerre d'applaudissements qui suivit.

Je pouvais d'une pièce voisine voir et entendre cette intéressante personne ; eh bien, je dirai tout de suite que je la trouvai tout simplement repoussante. La femme a été créée pour aimer, et non pour déblatérer ; charmante au sein de la famille, elle devient horrible dans un club !

Aussi, avait-il bien raison l'écrivain, qui, en avril 1877, (1) disait dans l'*Estafette* : »

« . . . .

» . . . . en 1877, on se contente, pour devenir une femme politique, d'escalader un tréteau d'orchestre de guinguette et de débiter un tas de lieux communs, dans le langage pittoresque de l'*Assommoir*. Toutes les caboulottières de la rue Racine et de la rue Soufflot sont merveilleusement douées pour cet emploi.

» Voilà l'élan donné, le pli pris, nous sommes me-

(1) 5 avril.

» nacés peut-être de légions de femmes de clubs,
» aussi nombreuses que les légions du roi de Dahomey, qui compte 4,000 vierges dans son armée.

» Que nous en ayons seulement quatre cents
» comme le roi de Siam, dans sa garde particulière,
» et nos oreilles sont bien en danger. . . . . . .
» . . . .

» Heureusement l'exception n'est pas la règle, *la*
» *femme dont je m'occupe aujourd'hui n'a rien de son*
» *sexe, ni la grâce, ni le charme, ni la sensibilité*
» *exquise;* elle lutte de voix et de geste avec les
» Chabert et les Calvinhac. . . . .
» . . . .

» *Si quelquefois la femme gouverne l'homme, c'est*
» *lorsqu'elle reste femme.* Celle-ci est classée désor-
» mais dans un genre hybride, sans nom, le grotes-
» que dans l'horrible, mégère mitigée de bas bleu.
» Le peuple a trouvé une dénomination pour cet
» être :

» C'est un hommasse !

» Voilà où on en arrive quand on oublie sa condi-
» tion sociale. »

Rien de mieux trouvé que cette dénomination, n'est-ce pas ? — Mais hâtons-nous de dire que nous sommes heureusement très-loin encore du chiffre de quatre cents Mariana.

Plusieurs orateurs parlèrent encore ; mais le tapage devint tellement fort, malgré les rappels du président, qu'il me fut impossible de rien entendre. Enfin, à onze heures tout était terminé ; un cri formidable de : *Vive la Vraie* ! était poussé, et tout le monde s'en allait, les uns à pied, les autres sur la tête.

En somme, je trouve que ces gens-là seraient bien amusants..., s'ils n'étaient nuisibles et malfaisants.

Monsieur de la Palisse n'aurait pas dit mieux...

Parlant du banquet de Saint-Mandé quelques jours après, un journal anglais, *The Morning Star*, s'exprimait ainsi :

« Vendredi dernier, tandis que les catholiques » priaient dans toutes les églises, deux cents radicaux » parisiens réunis à Saint-Mandé, festoyaient en l'hon- » neur du cochon gras de la libre-pensée... »

Venaient alors quelques réflexions sur la décoraration *stupide* de la salle; puis, le *The morning Star* disait :

« . . . . S'il ne s'agissait que d'une sim-
» ple manifestation contre le *maigre*, nous autres,
» protestants, n'aurions pas à nous en occuper ; mais
» comme c'est la négation de Dieu que les hommes
» de Saint-Mandé ont voulu proclamer, il nous sera
» permis, comme à tout le monde, de dire à ces gens
» ce que nous pensons de leur aberration et d'eux. .
» . . . .
» . . . .
» Eh quoi! ce serait uniquement par un simple effet
» du hasard que le renne serait *tombé* dans le cercle
» polaire ; et le chameau, sur les sables brûlants du
» désert ?

» Comment! ce ne serait pas un Être-Supérieur qui
» aurait placé dans les régions septentrionales, cet
» animal précieux dont le lait et la chair nourrissent
» l'homme, dont la peau l'habille, quand elle ne lui
» sert pas à faire des abris ou des canots, et qui le
» traîne sur la glace!... Comment! ce ne serait pas
» une Providence qui aurait mis dans le Sahara cet
» autre animal, non moins précieux, dont le pied a
» été fait pour le sable mouvant, la jambe pour la

» marche, le dos pour la charge, et qui a dans son » estomac une gourde pour l'eau du voyage !

» Ah ! vraiment, les gens pour qui cet arrangement » sublime, qu'on retrouve dans tout l'univers, n'est » pas la révélation d'un Dieu de Sagesse, nous font » pitié !

» Et dire que c'est chez le peuple qui se proclame » le plus spirituel de la terre, qu'on rencontre surtout » de ces insensés là !

» . . . .

» Le chrétien adore Dieu ; le juif, Jehovah, le mu- » sulman, Allah ; l'hindou, Boudha ; le huron, le » Grand-Manitou ; le sauvage, son idole ; seul, l'athée » n'adore rien !..... »

Pardon, cher rédacteur, vous vous trompez ; la plupart adorent leur ventre, dont ils font un dieu ! Presque toujours ce sont des égoïstes doublés de sensualisme.

« *Gras-doublés*..., aurait dit *Le Tintamarre*. »

V

Paris se souviendra longtemps de la grande fête du 14 juillet 1881.

Ce jour là, jour anniversaire de la prise de la Bastille, eut lieu au Champ-de-Mars la distribution des drapeaux à toutes les gardes nationales de France.

Les radicaux désiraient beaucoup que cette solennité se fit le 22 septembre, jour anniversaire de la proclamation de la République en 92; mais le gouvernement ayant insisté avec énergie pour que cette date, un peu rapprochée de celle commémorative des massacres de l'abbaye — septembre 1792, — fut repoussée, la Chambre avait fini par adopter le 14 juillet, à la majorité de une voix, majorité ordinaire des républiques (1).

(1) En 1877, monsieur Hayes fut élu Président des États-Unis à une voix de majorité. Monsieur Hayes eut 185 voix, et son concurrent, monsieur Tilden, 184. — Congrès du 2 Mars.

« Le 14 juillet fut une journée de soleil et de liberté !... Septembre 92 une époque sombre !... » avait dit le Ministre, en cette circonstance.

Ah ! les intransigeants ne devaient pas lui pardonner cette dernière parole !

Le jeudi 14 juillet 1881, ayant également été une « journée de soleil » — elles furent rares en cette année de brumes politiques, — je ne puis vraiment moins faire que de lui consacrer un chapitre aussi.

Espérons que ma mémoire me servira bien.

Donc, une grande fête nationale avait été décidée...

Pour quelques heures Paris allait retrouver toute son animation d'autrefois.

En même temps que la Fête, la Chambre avait voté douze cent mille francs pour les frais ; et le Conseil général de la Seine « désirant que tout l'éclat possible lui soit donné » avait ajouté trois cent mille francs à cette somme. Une commission composée de députés et de conseillers avait alors été nommée pour tout organiser. Elle avait rédigé un programme, et fait immédiatement commencer les préparatifs.

Ceci se passait vers la fin de mai ; c'était donc un

peu plus de six semaines qu'on avait pour exécuter les travaux.

A Paris, que de merveilles on peut créer en moins de temps !

Voici un aperçu du programme, qui fut affiché dans toute la France un mois à l'avance :

LE MERCREDI 13 JUILLET, à 7 heures du soir, salve de vingt et un coups de canon.

LE JEUDI 14 JUILLET, à dix heures du matin, au Champ-de-Mars, distribution des Drapeaux à toutes les Gardes Nationales de France, par le Président de la République, en présence des grands Corps de l'État.

A la nuit, illumination de tous les édifices publics.

A 10 heures, retraite aux flambeaux sur les boulevards.

LE VENDREDI 15 JUILLET, à 1 heure, représentation gratuite dans tous les théâtres de Paris.

A 10 heures, feu d'artifice à la Place-du-Peuple (ci-devant Place-du-Trône.

LE SAMEDI 16 JUILLET, à 6 heures, au Palais de l'Industrie, dîner de mille couverts, offert aux officiers de la Garde Nationale.

A 9 heures, dans le jardin des Tuileries, grand bal champêtre donné aux dames de la Halle et à la Garde Nationale.

Illumination féérique du jardin, de la place de la Concorde et de l'avenue des Champs-Elysées.

LE DIMANCHE 17 JUILLET, à 9 heures du matin, sur les places des vingt mairies, distribution de chaussons de lisières et de casquettes.

A 4 heures, régates au pont de la Concorde, et joutes au pont de Bercy.

A 10 heures, sur l'Arc-de-Triomphe,

grand feu d'artifice par Ruggieri. Pièce principale : *La Prise de la Bastille.* Apothéose, bouquet monstre.

Du dimanche 10 juillet au dimanche 17 (inclusivement), *marchands, jeux et spectacles forains à la place du Peuple et avenue de Sambre-et-Meuse* (ci-devant avenue de la Grande-Armée).

Aussitôt ce programme connu, toutes les compagnies de chemins de fer avaient organisé des voyages, aller et retour, à des prix fabuleusement réduits. Aussi, on pouvait venir de Marseille (billet valable 10 jours) pour 27 fr. 75 ; de Lyon (8 jours) pour 21 fr. 25 ; de Bordeaux (8 jours) pour 23 fr. 10 ; de Nantes (8 jours) pour 20 fr. ; de Lille et du Hâvre (5 jours) pour 10 fr.

Que de gens se promirent qu'ils ne manqueraient pas une si belle occasion !

Maintenant, voici ce que la commission avait arrêté quant au voyage et au séjour des gardes nationaux :

Les quatre-vingt-cinq colonels (1) et les quatre-vingt

(1) Une légion avait été formée dans chaque département ; seul, celui de la Seine en avait plusieurs. (Cinq dont une à cheval.

cinq portes-drapeaux, plus par légion, deux officiers, un clairon et vingt hommes, tous tirés au sort, viendraient à Paris gratuitement et séjourneraient chez l'habitant. — Les compagnies de chemins de fer s'étaient empressées d'acquiescer à la demande du voyage gratuit. — Ces gardes seraient en uniforme et sous les armes, comme composant l'escorte du drapeau.

Et pendant qne tout cela s'arrangeait, que les projets se formaient, que les paquets se faisaient, trois mille ouvriers travaillaient, jour et nuit, aux Champ-de-Mars et aux Champs-Elysées. On voulait que cette fête républicaine surpassât en magnificences toutes celles de la Royauté et de l'Empire.

— Ah! les radicaux devraient bien essayer de l'emporter autrement encore sur les gouvernements monarchiques!

Les personnes qui n'ont pas vu le Champs-de-Mars le 14 juillet 1881, ne seront sans doute pas fâchées d'avoir une idée du coup-d'œil qu'il présentait le matin de la fête. En voici une vue, prise des rampes du palais du Trocadéro, quelques heures avant la cérémonie.

Au milieu d'un vaste parterre, et au croisement de deux larges allées droites, s'élevait sur un immense piédestal, une colossale statue de la République vêtue d'un peplum parsemé d'étoiles d'or — 86, autant que de départements, — et tenant haut le flambeau de la civilisation. Cinquante marches formaient le soubassement du piédestal. Le tout avait jusqu'à l'extrémité du flambeau une hauteur de cent mètres.

Ce parterre était entouré de quatre allées, une de chaque côté du Champs-de-Mars, auxquelles venaient aboutir les deux se croisant à la statue. Une de ces deux allées là était perpendiculaire à la Seine, et faisait suite au pont d'Iéna. Toutes avaient au moins vingt mètres de largeur.

Quatre grands carrés de verdure et de fleurs avaient été formés par ce tracé,

Au centre de chacun d'eux s'élevait une monumentale fontaine, éclatante de blancheur. Ces quatre pièces, véritables châteaux-d'eau du plus merveilleux effet, étaient décorées de groupes figurant les quatre fleuves de la France, entourés de leurs rivières.

Voilà pour le Champ-de-Mars.

Maintenant, au bout, les regards étaient attirés par une immense tente-tribune, à raies bleues, blanches et rouges, adossée à l'Ecole-Militaire. Cette tente était divisée en cinq parties. Celle du milieu était réservée au Président, aux ministres, aux grands dignitaires et au corps diplomatique. Les autres étaient, les deux plus près de celle du Président, pour les sénateurs et les députés ; les deux plus éloignées, pour les personnes favorisées de cartes.

La partie du milieu avait été décorée avec un luxe vraiment royal. De tous côtés ce n'étaient que tapisseries des Gobelins, que glaces étincelantes, que fleurs, statues, etc.. Une quinzaine de marches, recouvertes d'un tapis pourpre et ornées d'arbustes, permettaient d'arriver du Champs-de-Mars, au salon Présidentiel. Cet escalier se trouvait juste en face de la statue de la République, et en droite ligne de l'allée faisant suite au pont d'Iéna. En haut, à quelques pas en arrière de la dernière marche, était disposé un grand fauteuil doré — j'allais dire un trône... —

C'était celui de Monsieur Gambetta !

Disons encore que de nombreux orangers entouraient la statue ; ajoutons que partout des milliers de drapeaux de toutes couleurs flottaient au bout de mâts et de hampes de toutes les grandeurs, et la description, quoique sommaire, sera à peu près complète.

Mais il nous faut à présent retourner de quelques jours en arrière, car ma plume a été plus vite que le temps.

L'époque des trains de plaisir arriva. L'affluence fut bientôt telle, qu'il ne fut plus possible de circuler sur les boulevards. Quelle foule partout !... et quelle foule bizarre..., panachée !... des bretons et des savoyards, des cauchoises et des auvergnats, des gardes nationaux et des négresses, etc., tout ce monde criant, bousculant... et se faisant écraser en traversant les rues. Partout on ne rencontrait que des gens égarés ou à la recherche de quelqu'un ; à ce point que la préfecture de police dû faire établir dans chaque gare et au Jardin des Plantes, un bureau des personnes perdues. Malgré cette précaution, bien des femmes ne retrouvèrent leur mari que le lendemain, et beaucoup de maris cherchent encore leur femme.

La nuit qui précéda la fête, cinquante mille personnes ne purent trouver à se loger. Epuisés, ces malheureux retournaient aux gares des lignes qui les avaient amenés, et se couchaient dessus et dessous les bancs, dans tous les coins, sur toutes les marches..., partout enfin. Rien de plus drôle à voir, que la gare Saint-Lazare à quatre heures du matin le 14 juillet. C'était un entassement de gens et de paquets, d'enfants et de cartons à chapeau, impossible à décrire. Un parfum d'ail assez pénétrant s'exhalait de ces dortoirs improvisés. Ah ! quelle consommation de cervelas il se fait les jours de revues et de fêtes nationales ! Un statisticien fit ce calcul, que si tous les cervelas mangés pendant les fêtes de la garde nationale, avaient été attachés les uns aux bouts des autres, et accrochés en guirlande aux fortifications, Paris entier aurait été entouré.

Le 14 juillet, à 10 heures, une salve de cent un coups de canon annonça le commencement de la cérémonie. Le Président escorté de deux escadrons de cuirassiers venait d'arriver... Les tambours avaient battu au champ, et les musiques de la garde nationale, placées aux quatre coins du Champ-de-Mars, jouaient des marches triomphales. Déjà les tribunes étaient pleines ; et une foule immense, compacte, envahissait les bas-côtés du Champ-de-Mars, les quais de la rive droite et toutes les hauteurs du Trocadéro et de Passy.

Au premier coup de canon, les députations des gardes nationales de province, rangées le long du quai, au pied de quatre-vingt-cinq poteaux numérotés, s'étaient mises en marche. La députation de la Sarthe était en tête (1). Puis, venaient celles de la Marne, du Pas-de-Calais, etc.. Elles entraient dans le Champ-de-Mars par le quai, suivaient l'allée de gauche, passaient devant les tribunes et s'en allaient retomber sur le quai par le bout de l'allée de droite, après avoir ainsi fait aux trois quarts le tour du parterre.

N'oublions pas de dire que par courtoisie les légions de la Seine avaient tenu à marcher en dernier.

A voir cette longue file de barbes grises s'avançant lentement, on eut pu croire, si les épaulettes n'avaient été là, qu'on assistait à une procession de Pères-Capucins. Le mouchoir dont beaucoup s'étaient entouré la tête pour s'abriter du soleil, et les baïonnettes dont les pointes brillaient comme des cierges, ajoutaient encore à l'illusion.

(1) Des numéros d'ordre de marche avaient été tirés quelques jours avant au ministère de l'Intérieur.

Voici comment la remise du drapeau était faite à chaque députation :

A leur arrivée devant le Président de la République ; le colonel et ses officiers saluaient de l'épée ; les vingt gardes faisaient front et présentaient les armes ; le porte-drapeau gravissait les marches et, des mains de Monsieur Gambetta, recevait le drapeau, pendant qu'au bas de l'escalier le clairon sonnait... Cela ne manquait pas d'être assez imposant.

A 2 heures, il n'y avait encore de défilé qu'une cinquantaine de députations ; exténué, Monsieur Gambetta passa la main à Monsieur Spuller et alla manger une côtelette à l'Ecole-Militaire. Après monsieur Spuller, ce fut au tour de monsieur Naquet, puis à celui de monsieur Barodet ; toute la queue y passa. Il était plus de 7 heures quand défila la 5ème légion de la Seine.

Favorisée par un temps superbe, cette cérémonie fut vraiment magnifique ; tout le monde fut content ; et les marchands de vins, encore plus que tout le monde. Rien n'altère, paraît-il, comme de crier : Vive la République.

Un autre cri devait malheureusement se faire entendre. Vers 1 heure, Espoir-des-voyous était arrivé au Champ-de-Mars, et de nombreux *vive Rochefort* ! avaient retenti lorsqu'avait paru dans la tribune des députés, cet honorable échappé de Nouméa, auquel une grande ville venait de confier un mandat impératif. C'était la première fois, depuis que l'amnistie lui avait rouvert les portes de la France, que ce triste personnage se montrait en public à Paris.

Le lendemain de ce jour mémorable, un journal dans son compte-rendu de la cérémonie disait qu'on avait remarqué « comme un air de mélancolie » sur la figure du Président ; puis l'auteur de l'article ajoutait : « Peut-être qu'en voyant ces marches qui étaient à ses pieds, monsieur Gambetta songeait qu'il ne pouvait plus que descendre ! » — Je ne sais si Monsieur Gambetta avait réellement « comme un air de mélancolie », mais ce dont je répondrais, c'est que les vivats qui avaient retenti à l'arrivée du *dauphin* de la République, lui firent pousser de nombreux soupirs... Ah ! où était le temps où on l'acclamait ainsi !

Le samedi 16, eut lieu au Palais de l'Industrie le grand banquet des officiers de la garde nationale. Beaucoup de toasts furent naturellement portés. On but à celle à pied et à cheval..., à la prospérité et à la fraternité..., à toute l'humanité..., puis, on alla danser.

Le bal des Tuileries de 1881 est certainement un de ceux dont on gardera le plus long souvenir. Vingt-cinq mille personnes dansèrent dans le jardin, sous un dôme de verdure et de feu. « Six orchestres, deux cent mille lanternes vénitiennes dans le feuillage, l'éclairage électrique des bassins, etc. » ; voilà ce qu'avait annoncé le programme... Disons tout de suite que c'était vraiment merveilleux. A 6 heures du matin on dansait encore. Bien des malheureux qui depuis plusieurs jours ne savaient où coucher trouvèrent un gîte cette nuit-là.

Le feu d'artifice du dimanche 17, termina brillamment cette grande fête nationale. Tiré du haut de l'Arc de Triomphe il fut aperçu jusqu'à vingt lieues de Paris. La pièce principale, représentant la prise de la Bastille, eut un immense succès. Bientôt, la vieille forteresse s'abîma au bruit d'une formidable artillerie ; et sur ses ruines fumantes se dressa une République colossale. C'était la même que celle du Champ-de-Mars, à cette différence près, que le Flambeau-de-la-Civilisation était remplacé par des Chaînes-Brisées, symbole de la Liberté. Comme au Champ-de-Mars elle tenait de l'autre main un drapeau tricolore — dont le rouge seul s'apercevait distinctement. — Lorsqu'au milieu d'un bouquet immense..., monstre..., elle disparut, d'un demi-million de poitrines sortirent les cris de: *Vive la République* !...,

Et bien des gens s'en allèrent en se disant :

« Quel enthousiasme ! quelle concorde !... Ah ! les mauvais jours sont passés ! »

Après le bouquet le ciel resta quelques instants rouge..., empourpré...

Le coucher du soleil a souvent de ces tons là les veilles de tempête !

VI

« Les jours se suivent mais ne se ressemblent pas !... » fut-il bien des fois répété après les grandes fêtes de 81...

Ah ! c'est qu'aux heures de plaisir pour les uns, aux instants de recette pour les autres, succédèrent immédiatement des journées de fièvres politiques et d'alarmes. On avait vanté la Concorde, on avait exalté la Fraternité, mais aussitôt les dernières fusées tirées, les paroles de haine avaient retenti de plus belle à la tribune et dans la presse.

Chaque soir, en effet, les nouvelles de la Chambre arrivaient déplorables : on s'y était querellé, injurié, on s'y était même montré les poings..., en attendant peut-être davantage...; et si le Ministère n'avait pas été jeté à bas, c'est parceque, pour conserver leur portefeuille, les ministres avaient encore fait les plus plates, les plus invraisemblables concessions à la démagogie.

Aussi, chaque jour Gigomard et Rochefort devenaient-ils plus exigeants. Ils avaient dit à leurs électeurs : « Nous ne demanderons plus rien, quand nous aurons tout ! » en ajoutant en *à-parte* « et que, *Moi*, je serai *tout* !... », et ils étaient bien décidés à tenir parole.

Du reste, on aura une idée de ce qu'étaient leurs prétentions, par la pièce suivante, dite *Le programme de Bordeaux*, sur lequel furent calqués aux élections d'octobre 1877 et de décembre 1880, la plupart des mandats impératifs :

« LE PROGRAMME DU PEUPLE (1) »

« Le peuple de la ville de Bordeaux, réuni en
» assemblée générale..........................
» ....
» Considérant que la souveraineté réside dans la na-
» tion entière ; que les abus, priviléges et monopoles
» de l'ancien régime conservés sous la République
» nominale mènent à la ruine et à l'invasion, que le

(1) Communiqué au « Journal de Bordeaux » au commencement de 1877, et reproduit ensuite dans plusieurs journaux de Paris.

» favoritisme, la fatalité et le cléricalisme ont abâ-
» tardi la grande nation, que le peuple est écrasé par
» une multitude de taxes sur les denrées alimen-
» taires.

» Qu'un pareil état de choses ne saurait durer da-
» vantage sans compromettre le salut de la patrie;
» a résolu de formuler en quelques mots le pro-
» gramme des réformes nécessaires à l'immense ma-
» jorité du pays et de tracer à ses mandataires les
» règles de la conduite qu'ils devront suivre sous
» peine de forfaire à l'honneur :

» *Art 1er*. — Révision de la constitution de la
» République *dans le sens démocratique* (1).

» *Art. 2*. — Diminution de la durée du service
» militaire.

» La nation entière armée pour la défense du ter-
» ritoire.

» *Art. 3*. — Instruction gratuite, obligatoire et
» laïque.

» Liberté de l'enseignement.

(1) Souligné par nous, E. H.

» *Art. 4.* — Liberté de la presse, liberté de » réunion et d'association.

» *Art. 5.* — Large décentralisation. Affranchissement de la commune. Nomination du maire par le » conseil municipal.

» *Art. 6.* Séparation de l'Église et de l'État. Abolition des couvents. Nomination par les fidèles des » ministres de leur religion. Expulsion des jésuites.

» *Art. 7.* — Simplification et codification des lois. » Le pouvoir judiciaire séparé du pouvoir exécutif.

» *Art 8.* — Justice véritablement gratuite. Liberté » de la défense. Abolition de la vénalité des charges. » Nomination des jurés par le suffrage universel.

» *Art. 9.* — Magistrature élective et temporaire. » Capacités des candidats aux fonctions publiques, » préalablement constatées par le concours où tout » citoyen aura le droit de se présenter avec ou sans » diplôme.

» *Art. 10.* — Diminution des dépenses et des gros » traitements. Suppression de toute dépense qui n'est » pas réellement indispensable.

» *Art. 11.* — Abolition des octrois; de l'impôt du » sel et autres taxes de la consommation sur les » choses nécessaires à la vie.

» *Art. 12.* — L'impôt assurance, l'impôt unique » sur le revenu. Rachat des chemins de fer par » l'État.

» Les mandataires du peuple de Bordeaux devront » en outre réclamer une amnistie plénière en faveur » des condamnés politiques.

» Ce programme, élaboré en 1875 par une commis- » sion de républicains sincères, servira de drapeau » et de signe de ralliement aux véritables amis du » peuple. »

« Vive la République. »

« Pour le comité d'initiative :

» *Le Président,*

» (Signature). »

« Supprimer tout ce qui nous gêne, pour mettre à la place tout ce qui nous est nécessaire pour devenir les maîtres... de tout! » Voilà, en deux mots, comment se peut résumer le programme des radicaux de Bordeaux... et du monde entier.

Mais si à la Chambre on se contentait de se montrer les poings, dans les clubs on n'en restait pas là... on se les envoyait *fraternellement* sur l'œil. On ne se réunissait pas pour causer un instant des *immortels principes*, sans qu'il y ait un peu de tapage, et pas mal de nez aplatis. Et les journaux pur-sang de ne pas manquer de raconter le lendemain — dans un style dont le catéchisme poissard faisait tous les frais — qu'à telle et telle réunion on avait encore « cassé la g..... à des mouchards. »

« Mouchard ! » a-t-on remarqué que lorsqu'il ne sont plus d'accords, c'est toujours la première épithète que les radicaux se jettent à la tête... En vérité, ces gens là ont une bien mauvaise opinion d'eux !

Quand on se *tape* dans les clubs, le calme n'est ordinairement pas dans la rue... Tous les soirs des attroupements considérables se formaient sur les boulevards à l'arrivée des journaux, et on y discutait de la même *manière* que dans les réunions. On en revenait plus souvent avec un bleu sur la figure, qu'avec sa montre dans son gousset — quand on ne l'avait pas encore mise au Mont-de-Piété.

» Mais comment cela finira-t-il ?... ne cessaient de se demander les gens d'ordre, — va-t-on décidément revoir la Commune ! »

En attendant, on quittait Paris de plus en plus, et les rares boutiquiers qui avaient pu tenir bon jusque là, fermaient pour ne plus rouvrir. Par contre les emballeurs travaillaient jour et nuit.

Ah ! ce n'était certainement pas à la république qu'on avait là, que Victor Hugo, le 25 mars 1877, dans son magnifique discours à la salle du Château-d'Eau (1), disait d'aller aborder.

Voici les paroles du poète... dans son rêve :

» On lève les yeux, on cherche dans le ciel une in-
» dication, une espérance, un conseil. L'anxiété est
» au comble. Où est le salut ? tout-à-coup, la brume,
» s'écarte, une lueur apparaît, il semble qu'une dé-
» chirure se fasse dans le noir complot des nuées,
» une trouée blanchit toute cette ombre, et subite-
» ment, à l'horizon, au-dessus des gouffres, au-delà
» des nuages, le genre humain frissonnant aperçoit
» cette haute clarté allumée il y a quatre-vingts ans

(1) Réunion au profit des ouvriers lyonnais sans ouvrage.

» par des géants sur la cîme du dix-huitième siècle,
» ce majestueux phare à feux tournants qui présente
» alternativement aux nations désemparées chacun
» des trois rayons dont se compose la civilisation
» future : Liberté, Égalité, Fraternité.

» Liberté, cela s'adresse aux peuples ; Égalité, cela
» s'adresse aux hommes ; Fraternité, cela s'adresse
» aux âmes.

» Navigateurs en détresse, abordez à ce grand
» rivage, la République.

» Le port est là. »

Cela est très-beau !... Malheureusement pour nous, « les navigateurs » qui étaient au gouvernail de l'État en 1881 — gens inhabiles et à la main paralysée — avaient mal barré, s'étaient perdus, étaient allés à la dérive, et finalement nous avaient fait aborder à une République peut-être à la veille de tomber « dans le sang et l'imbécilité, » comme a dit monsieur Thiers.

Conservateurs, frappez-vous la poitrine, car c'est votre faute. Si vous aviez été moins indifférents ou moins à courte-vue, l'État aurait eu, bien sûr, pour le gouverner d'autres « navigateurs ! »

Vers le milieu d'octobre, vint devant la Chambre la demande en autorisation de poursuites contre les complices du Coup d'État du Deux-Décembre. Cette séance qui a pris une place importante dans l'Histoire, se termina de la façon suivante :

. . . .

. . . .

Exclamation à gauche, bruit.

M. LE PRÉSIDENT. — Messieurs, je vous en prie, veuillez écouter avec calme monsieur le Ministre.

M. VERRASSEC. — Des balançoires comme ça, nous en avons trop écoutées.

M. LE PRÉSIDENT. — M. Verrassec, je vous rappelle à l'ordre.

PLUSIEURS MEMBRES A GAUCHE. — Oui, oui, on nous en a trop conté.

M. LEBASTION. — A l'ordre, les factieux !

M. ROCHEFORT. — Les factieux, ici, se trouvent parmi les partisans du p'tit qui ramassait des prunes...

M. Gigomard. — Et parmi ceux du Droit-Divin et du drapeau blême.

M. de Karnac. — Respectez au moins le drapeau de Fontenoy !

Des paroles sont échangées entre les députés de la droite et de la gauche, mais le bruit est si fort qu'elles ne parviennent pas distinctement jusqu'à nous.

M. le Président. — Messieurs, si ces interruptions bruyantes continuent, je me verrai, pour la dignité de la Chambre contraint de lever la séance... Monsieur le Ministre nous explique pourquoi le Gouvernement trouve inopportune la demande déposée par plusieurs de nos collègues, notre devoir est de l'écouter avec calme... Sachons, Messieurs, rester à la hauteur de la mission que nous a confiée le pays.

Voix nombreuses. — Très-bien..., très-bien...

M. le Ministre. — Je ne pensais pas, Messieurs, qu'en venant vous parler d'oubli et de concorde, je déchaînerais cette tempête..., je le regrette... Permettez-moi d'espérer qu'en m'adressant directement à votre raison, j'aurai plus de bonheur... Messieurs, je serai bref. On vous demande d'autoriser que des poursuites soient exercées, en votre nom, contre un certain nombre de citoyens coupables...

M. Leloup. — Des criminels !

M. le Ministre. — ... Coupables d'avoir prêté leur aide à la perpétration du crime abominable du 2 décembre 1851.

Voix nombreuses. — Oui, oui.

M. Dutoc. — C'est la Nation entière qui se lève pour demander justice !

Dénégations à droite.

M. le Ministre. — Certes, jamais grief d'un peuple ne fut plus grand, plus légitime... Seulement, Messieurs, trente années se sont écoulées depuis cette nuit glacée où un César de bas empire poignarda la jeune République qu'il avait juré de défendre...

M. Poulain-Alavoine. — Il ne peut y avoir de prescription pour un tel forfait !

M. Augustin-Lefranc. — Ce forfait a sauvé l'ordre et a rendu la prospérité !

Voix à gauche. — N'interrompez pas.

M. LE MINISTRE. — Et durant ces trente années, la mort a ravi les plus coupables à la justice des hommes, ceux qui restent aujourd'hui n'étaient alors que de subalternes fonctionnaires n'ayant peut-être pas conscience de l'illégalité des ordres qu'ils exécutaient...

Bruit à gauche.

Eh bien, je vous le demande, Messieurs, ne vous semble-t-il pas, en frappant ceux-ci, quand les vrais. les grands coupables, échappent à tout jamais à votre juste châtiment, qu'on risque de donner à la plus grande des causes, les apparences d'une mesquine vengeance ?..

M. ROSSIGNOL. — Leurs noms à tous seront au moins cloués par la justice au pilori de l'Histoire !

M. AUGUSTIN LEFRANC. — Il faudra alors en inscrire huit millions

Applaudissements sur plusieurs bancs à droite.

M. ROCHEFORT. — Remettez-en sept dans les soupières électorales à double fond.

M. Augustin Lefranc. — Vos calomnies seront toujours sans effet sur la partie sensée du pays.

Bruit.

M. le Ministre. — Enfin, Messieurs, ne peut-on aussi craindre que ces poursuites, que je qualifierai de posthumes, ne servent plus tard envers d'autres hommes, de dangereux précédent. Rien n'est immuable dans ce monde : Il y a quelques années c'était l'Empire, l'Empire s'est écroulé sous le poids du mépris universel...

Protestations à droite.

et aujourd'hui nous avons la République..., la République grande et respectée ; mais hélas, qui peut nous répondre qu'un jour, la fatalité aidant, l'Empire exécré..., l'Empire du mal, pour l'appeler par son nom, ne sortira pas pour la troisième fois de son antre...

Sur un grand nombre de bancs :

Non ! non, jamais !

M. le Ministre. — ramené autant par les fautes des républicains, que par les intrigues de ceux qui ne le sont pas, et que l'ambition dévore...

M. THOMAS MALASSY. — Plutôt la mort!

M. LE MINISTRE. — Ah ! ce jour là, ne l'oubliez pas, l'Empire haineux ne manquerait pas de faire comme la République : « Dent pour dent ! œil pour œil ! » diraient ses fanatiques, et après le procès des hommes du Deux-Décembre, vous verriez celui des patriotes du Quatre-Septembre !...

Explosion de cris sur un grand nombre de bancs.

M. DUTOC. — Vous avez peur !

M. ROSSIGNOL. — Retirez-vous et faites place à de plus braves !

M. CHAFFOIN. — Assez de votre gouvernement !

Voix à gauche. — Oui, oui, assez !

M. LE MINISTRE. — Mais, Messieurs, cela n'implique pas...

M. ROCHEFORT. — Les complices du Deux-Décembre ne sont pas encore jugés, mais, vous, vous l'êtes !

M. LE PRÉSIDENT. — Monsieur Rochefort, vous n'avez pas la parole.

M. LE MINISTRE. — Enfin, Messieurs vous me permettez bien....

Voix à gauche. — Non, non...

Bruit prolongé.

Monsieur le Ministre ne pouvant parler quitte la tribune et regagne son banc.

M. GIGOMARD — *de sa place, et se tournant vers le banc des Ministres.* Oui, vous êtes tous jugés !... Hier, vous traitiez d'époque sombre, celle qui vit naitre la grande République de nos pères, l'aïeule de la nôtre ; constamment vous vous êtes montrés hostiles au projet de restituer à Paris l'honneur d'être la capitale politique de la France ; enfin, aujourd'hui, vous voulez arracher au châtiment qui les menace, les criminels complices de Décembre... Eh bien!, le peuple qui avait mis toute sa confiance, toute sa foi en vous, après vos artificieuses paroles d'autrefois, mais dont vous avez toujours fait passer les grands intérêts... après les vôtres ; le peuple, qui vous exècre, a aujourd'hui le droït de vous dire par notre bouche, que... que vous l'avez trahi !...

Applaudissements prolongés sur un grand nombre de bancs.

M. LE PRÉSIDENT. — Monsieur Gigomard, je vous rappelle à l'ordre,

M. GIGOMARD. — Votre rappel à l'ordre je ne l'accepte pas !

Applaudissements à gauche.

Voix à gauche. — Non, non...

Des paroles que nous ne pouvons saisir se croisent en tous sens ; le tumulte est à son comble.

M. le Président essaie de parler, mais ne pouvant y parvenir, il se couvre.

LA SÉANCE EST LEVÉE.

Voix nombreuses. — Vive la République !

Voix à droite. — Vive la France !

(*Il est 5 heures.*)

A l'arrivée des députés à la gare Saint-Lazare, où attendaient deux mille individus impatients de connaître le résultat de la demande en autorisation de poursuites, des ovations furent faites à Rochefort et à Gigomard.

Une heure après, tout Paris savait de quelle façon s'était terminée la séance de la Chambre ; et déjà sur les boulevards se pressait, houleuse, une foule considérable. On disait qu'aussitôt leur arrivée à Paris, quatre cents députés s'étaient réunis à la salle Valentino, lieu ordinaire des réunions du groupe radical, et qu'ils y délibéraient sur les termes d'un manifeste au peuple.

A 9 heures, le bruit se répandait que le rappel avait été battu à Belleville, et que la garde nationale de ce faubourg descendait en chantant la *Marseillaise*. Aussitôt tous les cafés de se fermer.

Vers 10 heures, grande sensation : Les journaux paraissaient annonçant que le cabinet se retirait, et que Monsieur Gambetta venait d'adresser au président du Sénat, sa démission de Président de la République.

A 11 heures, on apprenait que les députés réunis à la salle Valentino venaient de charger Rochefort de former un ministère. A cette nouvelle le 3 0/0 qui avait fermé à 3 heures à 39 fr. 55, et qui à la petite Bourse du passage de l'Opéra avait fait au plus bas dans la soirée 38 fr. 10, s'abîmait à 27 francs !

. . . .

Et le flot chantant la *Marseillaise* descendait toujours !...

. . . .
. . . .
. . . .

Je me réveillai..., car tout cela n'était qu'un rêve — le lecteur le sait bien.

Un soir, je m'étais endormi après avoir lu le compte-rendu d'une de ces déplorables séances dont la Chambre nous a donné quelque fois le spectacle, et j'avais eu le cauchemar que je viens de raconter.

Une réflexion traversa bientôt mon esprit :

Et dire que tout cela pourrait bien arriver !...

Ah ! que le BON SENS seul guide désormais l'électeur ! m'écriai-je alors.

Puis, j'ajoutai :

ET QUE DIEU PROTÉGE LA FRANCE !

Emile HUGONIN.

FIN

IMPRIMERIE A. BERNARD, 9, RUE DE LA FIDÉLITÉ

Troisième Année. — 15 centimes.

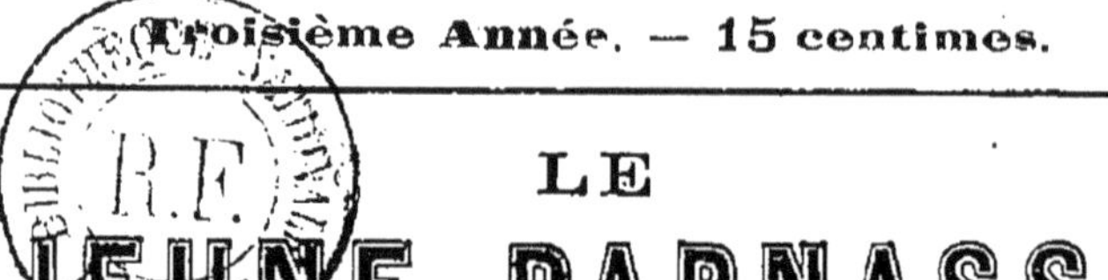

LE JEUNE PARNASSE

FEUILLES POÉTIQUES

Paraissant le 1er de chaque mois

DIRECTEURS :

L. DEMORTREUX — EUG. DUEZ

Rédacteur en Chef : Alphonse LECLERCQ

MEMBRES FONDATEURS

(AMICUS POETARUM)

MMmes Brian, Louise.
Coquillon, Lise.
Gaëllo, Julius.

MMmes Guérin, Closier.
Lazenay (Csse de).
Lütgen Joséphine

MM.
Asse, René.
Bernard, Julien.
Burion, Am.
Champavier, M.
Charlieu (de).
Esprit Rosier.
Guillou, Edouard.
Hugonin, Emile.

MM.
Ivry (comte d')
Jayer, H.
Joly, Eugène.
Landrevin.
Langlois, P.-C.
Lepilleur.
Martin.
Masson, Narcisse.

MM.
Merey (Alfred de)
Morgon, Johannis
Royer, A.
Sallon, Alexandre
Tarbouriech.
Ursoni, Oscar.
Vignet, Carolus.
Etc., etc.

APPEL AUX POÈTES

Membres fondateurs : 2 fr. par mois

ABONNEMENTS : Paris et Départements : 2 fr. par an

(Pour l'étranger port en sus)

Tablettes-Annonces.......... 6 fr. par an.

PARIS

BUREAUX — ADMINISTRATION : 57, boulevard de Magenta.

PUBLICATION MENSUELLE

Les Abonnés peuvent devenir Collaborateurs.

www.ingramcontent.com/pod-product-compliance
Ingram Content Group UK Ltd.
Pitfield, Milton Keynes, MK11 3LW, UK
UKHW020403230726
13925UKWH00003B/1243